U0017393

字遊字在
的語文課

和孩子玩文字遊戲

林彥佑　著

黃淑華　圖

推薦序

南大附小／溫美玉老師

很開心看到彥佑的書誕生了，這是一本充滿趣味、生動的文字遊戲書，它提供給老師們一個文字教學的方向，再依這個方向，去變化不同的教學策略。

這幾年來，很強調思考與翻轉，特別是十二年國教的推行，讓「素養」的課程，越來越被重視。所謂的「素養」，便是能在生活中，解決問題，並且有能力也願意進一步去思考更多相關的細節。這一本文字遊戲書，恰好能在生活中，隨時運用。比方說，看到路邊招牌的某些字，可否用畫圖的方式表達出來？看到宣傳單上偌大的某些字，可否解構其部件，發想更多的創意點子？

這本遊戲書，也包括了語詞、句子的延伸書寫；這幾年，我研發了五卡板、六星級寫作法，讓語文的學習變得更多元，所創造出來的讀寫可能，也越來越有前瞻性。其實這些方法，也很容易把概念融入於這本書當中；端看老師、家長、小朋友怎麼巧妙去運用。

最後，誠心祝福有志於創意學習的家長、老師、學生，都能好好研讀這本書，並好好實作一番，讓大腦永遠靈活、創新。

推薦序

夢的 N 次方總召集人、南投縣爽文國中／王政忠主任

語文的學習，除了常提及的「閱讀、寫作」之外，如果可以從最基礎的「文字」開始玩起，相信一定可以培養更濃厚的語文興趣，進而扎下根基。

這是一本以趣味、活化的文字遊戲為主軸，其間穿插著語詞、成語、短句的書寫；每一個小活動也附上學生的回饋和教師引導的作品，可見在班級中實作，一定具有可行性，又兼具實用性的。

這幾年來，我走進偏鄉學校、發展出 MAPS 教學法、號召全台灣的夢的 N 次方工作坊，我相信，彥佑老師所出版的《字遊字在的語文課：和孩子玩文字遊戲》一書，可以在偏鄉落實，提升學童的學習動機，更可以結合一些教學法，訓練學生於課間思考、口語表達。雖然我帶的是國中生，但我相信，語文的學習是一貫的，文字的遊戲，也可以在中學生身上引導，甚至連大人都可以玩得欲罷不能。

現在的教育講究思考、素養，也就是十二年國教的「自發、互動、共好」；這是一本能夠翻轉「學生學」與「教師教」的好書，我相信這本書，一定能讓親師生重新看待語文學習的。

自 序

在編寫這本書之前，我一直在思考，108 課綱，到底要孩子學習的能力是什麼？這本書要如何寫才能滿足時代趨勢？依據課綱的精神，十二年國教不外乎是「素養」！ 不外乎讓孩子可以「自發、互動、共好」。

我思考了一番，「素養」一詞，不就是讓學生能把既有的能力，展現出來，並且發自內心，表現出良好的學習行為、習慣嗎？ 而透過「語文遊戲」，不就正好呼應了這樣的精神？

我把我在教室裡的經驗，闡述了出來，編寫成了這本書。在課堂的實踐中，我發現孩子會自主學習，他們會問我：「老師，什麼時候還要上語文課」；有這樣的學習動機，便是「自發」。我答應孩子，我們在進行語文課時，一定要有「師生自發、同儕互動、小組共好」。於是，我們的語文遊戲，產生了十二年國教的內涵效果。而，基於自發與互動的原則，我們都沈浸在美好的學習氛圍中，並且，孩子回到家，還會跟家人說：「老師今天帶我們玩語文遊戲哦！」這樣的課程，影響了孩子，影響了家人，不就是一種生活中最典型的素養嗎？

回到這本書的主軸──「文字」。文字，是古人智慧的結晶，是我們華人世界最引以為傲的資產，也因此，孩子學習文字，或者課本中的生字，都是展現我們文化學習的一環，更是素養的一環。

文字更是語文學習的基底。有了文字，方能為語詞奠基，也才能再進一步擴展到

成語、句子、段落、篇章。可見在語文的學習過程中，文字占有一席之地。

在生活中，處處是文字，舉凡打開書報，最為密集的排列，便是文字；放眼看過去街道的廣告招牌，也都是以文字為主軸，再拓展到藝術的變化；孩子們喜歡玩的遊戲，其中的說明書、操作步驟，也都是文字組成；年輕人喜歡的流行歌曲，其歌詞便是文字。文字何其重要呀！

既然文字這麼重要，我便想以「文字」為主題，發想一系列跳脫傳統教學的「文字遊戲」，雖為「玩遊戲」，但卻是貨真價實的語文課程。我們可以推理文字、可以找尋文字、可以塗鴉文字、可以猜測文字；傳統的書空、查部首、寫筆畫、造語詞，在本書中都巧妙融入，更特別的是，我把傳統提升到創新與思考，讓學生能學得有趣、學得充實。

這樣的創新能力，不正是十二年國教要賦予孩子的精神嗎？不正是現在孩子該具備的能力嗎？

我期許這本書，可以讓教師、家長能一眼就明瞭，並且願意時時與孩子互動，將語文視為生活中重要的環節。我也期許孩子，甚至是國高中生，乃至有心經營社團、帶領課後班的大學生們，都能在這本書中，找到趣味的泉源，發掘課程的奧妙。

本・書・特・色

一、跳脫傳統

這本書的各種活動，均是作者嘔心瀝血的辛苦結晶，內容有別於十多年前的傳統課室教學。作者曾榮獲各類的教學創新獎，在各式的教學活動中，都能產生奇妙的小點子。

二、寓教於樂

作者擅長將枯燥的課程，以遊戲、活潑、輕鬆的方式表現出來。作者至今到全國各縣市中小學入班教學演示與演講，達三、四百場，每一場的課程，均充滿「笑果」；本書的各式活動，均可讓學生玩得充實、玩得快樂。

三、步驟解析

每一個小單元前面，都羅列了詳細的操作步驟，因此，只要有興趣運用本書的老師、家長，甚至是小學生，都能自主學習，收到最佳的學習效益。步驟可以依個人的經驗背景來調整，但主軸不變；有了這樣的步驟，相信大家一定能循序漸進完成每個小活動。

四、經驗傳承

每一個活動，作者都運用了一篇文章，來解析動機、過程及啟示，因此，本書可說是作者親自帶領學生的實務印證。作者將成功及失敗的經驗、學生的反應、互動當中的酸甜苦辣，全都整理出來，在閱讀作者的文章時，也不禁讓人想趕緊融入情境，和孩子們互動一番！

五、班級成果

作者所編製的這些活動，都很適合產出、結合藝術，作為漂亮的美術作品，可以在班級、公布欄布置；甚至再多花一些巧思，投稿到報章雜誌。作者將學生的成果展示出來，相信您的孩子們在您的引導下，也可以產出更多元、更出色的作品哦！

六、學習單實作

作者將每一個活動，都別具用心地設計了一張可以實際操作的學習單，這些學習單，也都是作者在班級中操作過，不斷翻修、潤飾、汲取精華，相信各位使用之後，一定能讓學生覺得有趣又獲益匪淺。

七、學生回饋

作者在實作的過程中，亦同時蒐集了學生的想法、回饋；大多數的學生對於這樣的課程，清一色都覺得有趣、好玩，並期待老師能再開發更好玩的遊戲。學生的回饋是最真實的，相信看了學生的回饋之後，一定可以再次點燃教學的熱情吧！

八、教學延伸

作者針對每一個小活動，再延伸出相關的活動，可以做為回家作業，或是做為下一堂課的課程，或是親子互動的項目。這些課程就像是一小瓶的泡泡罐一般，只要稍微用點力，就能源源不絕地吹出大小不一的斑斕泡泡了。

目 次

1 字字三缺一

活動難度：★★★★★

誰說，只有數學可以推理呢？誰說，只有小說才可以推理呢？只要動點巧思，「文字」也可以推理哦！

3.6.9 12

活動步驟

1. 先觀察題目中的每一個字。

2. 觀察的重點，可以是筆畫、注音、部首、字形、字義……等。

3. 發現差異，找出邏輯。

4. 答案應該就出爐囉！

1. 當自己成為命題者時，也可以參考以上的步驟，讓同學當解謎者哦！
2. 可提醒學生，準備一本字典，供隨時查閱。
3. 當學生寫出答案之後，可以請學生說出該字可造的語詞、成語。

數學能推理，語文也能推理

我們的文字是很有趣的。這一次，我運用了「數學邏輯推理」的方式，帶孩子來「推論」文字。或許，你會覺得很奇怪，「文字」和「數學」，又有何關係呢？

首先，我先在黑板上佈了幾道數學推理題：「3、6、（　　）、12」，請學生想想看（　　）裡要填什麼？孩子不假思索地回答「9」；我繼續在黑板上佈下了另一題：「2、4、7、11、（　　）」，孩子猶豫了一下，在我的引導之下，也慢慢解開了答案「16」。

地名推理，引起思考動機

除了數學的推論之外，我也在黑板上寫下了地名題目：「嘉義、（　　　）、高雄、屏東」，這時，開始有幾位孩子覺得題目很特別了：「為什麼連地名也可以推論呀？」、「地名也有邏輯可以推理嗎？」在討論過後，聰明的孩子們說出了「台南」的答案，原因是這些縣市是由北而南依序排列下來的。有一次，我在南投的學校帶了類似的題目，我在黑板上寫了：「鹿野、沙鹿、鹿港、（　　　）」，在地的學生馬上就告訴我：「老師，是不是『鹿谷』？」沒錯，答案就是南投縣鹿谷鄉，因為題幹中的線索，都有「鹿」字。

觀察形音，推論文字

在簡單地引導過後，我在黑板上出了幾道「語文推理」的題目，讓學生猜猜看；由於傳統的題號條列式佈題（1、＿＿＿；2、＿＿＿；……），學生已經有點膩了，而且覺得這種佈題，會有制式、考試的感覺；因此，我便將這種題號條列式的佈題，轉成「米字對角線」的形式。

我寫了「推、淮、進、（　　　）」，讓學生自由填寫答案，有些學生可以馬上回答出來，有的答案是「准」，有的是「唯」，學生說，因為這一題的共同部件都是「隹」，所以就從以前學過的文字來思考。我持續出了幾道題目，難度逐漸加深：「崩、烹、矇、（　　　）」，這時候，學生便覺得比較困難，因為課本中沒有學過「烹」這個字，而「矇」又是一字多音字，所以要推論就需要一些智慧了；所幸，在經過小組討論之後，他們仍能寫出「風、峰、蜂……」等字，我問他們為什麼寫出這些字呢？孩子們說，因為這些字的聲符是依ㄅ、ㄆ、ㄇ排列下去，而韻符均為「ㄥ」，所以答案就是「ㄈㄥ」。我又舉例了「底、體、你、（　　　）」，再讓學生討論看看，答案是什麼。

文字推理，活化教學

有了簡單的講解之後，孩子就知道這一次的課程主題是什麼了。於是，我把學習單發下去，讓孩子們可以個人或小組來完成；在整個過程中，有的學生完全不需要字典就可以解出謎題；有些學生需要字典來輔助；當然，還有一些學生更聰明，他們說：「字典大部分只能看出注音、部首，如果要看出字形的排列，可能就比較難了。」我點點頭，稱讚他的聰明才智。

經過了這一堂課的考驗，學生終於知道，文字是很有趣的，除了平常教學的字形、字音、字義之外，還可以有更多的排列、組合與邏輯推理。我跟孩子們說，不只數學可以推理，文字也可以推理！只要我們多觀察、多思考，你會發現文字是很有趣的呢！

▲請小朋友上台命題，其他同學一起來動腦。

學生回饋

子宸：原來文字也可以推理，真是好玩。

楓湘：一開始我都不知道怎麼找，後來老師慢慢引導，就學
　　　會一些技巧了。

芳巧：我覺得文字很有趣，就像數學一樣，好像可以計算。

 教學延伸

‧也許透過巧思，也可以玩「語詞三缺一」，這也可以讓有
　興趣的老師、家長，進一步開創課程哦！

▲▼學生命題範例

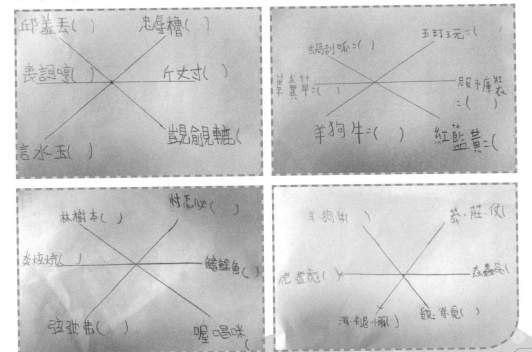

文字三缺一

小朋友，你知道嗎？有一些數學推理邏輯的概念，也可以套用在不同的科目哦！以數學來講，這個題目：「2、4、6、（　）、10」，小朋友可以很清楚的知道，（　）要填的是8。以社會來說：「台北、桃園、新竹、（　）台中、彰化」，清楚縣市位置的小朋友，也知道（　）要填的是「苗栗」。那麼，以同樣的方式，以下這幾個題目，你知道（　）裡要填什麼嗎？

題號	題目	答案	造詞一	造詞二	運用前面兩個語詞來造句
1	准、推、堆	進	進取	進步	樂觀進取的他，這次考試進步不少呢！
2	趕、起、越				
3	甲、木、甘				
4	崩、烹、矇				
5	導、討、惱				

題號	題目	答案	造詞一	造詞二	運用前面兩個語詞來造句
6	鑫、磊、森				
7	街、游、傲				
8	比、林、競				
9	堡、忠、謎、像				
10	昭、照、敖、熬、亨				

小朋友，只要你發揮一點文字歸納的能力，相信你也可以根據以上的出題方式，當一個小老師哦！一起來試試看吧！

題號	題目	答案	造詞一	造詞二	運用前面兩個語詞來造句
1					
2					
3					
4					
5					

筆記欄

2 活動難度：★★

如果你喜歡「拼拼圖」，相信你對這次的「文字拼圖」一定會充滿興趣的。張大你的眼睛，考驗你的文字力，現在就一起來「拼文字」吧！

 活動步驟

1. 觀察部件。

2. 可先找其中五、六個部件來拼拼看，避免混淆。

3. 可再加入另外幾個部件來拼湊看看。

4. 查字典、試著在紙上寫寫看。

5. 若查出字典裡有這個字，就大膽寫出來吧！

6. 小組競賽，看誰寫得最多哦！

活動提醒

1. 教師可以依班級經營的方式給予計分。例如，每寫對一個字，則得一分，能正確搭配出該字的語詞，則再得一分，若能說出成語，則得三分。
2. 活動中，有些學生會「自行造字」，亦即出現錯字；先不急著否定學生，可以在共同討論時，透過翻字典、查電腦讓學生知道沒有這個字。

文字部件，小組激盪學習

你知道有些文字，像是由許多小小的螺絲釘組成的嗎？這一堂課，我讓小朋友化身為「拼圖小天使」，必須把黑板上所看到的小小字卡，組合成正確的字。

首先，我先後在黑板上放了二十個「部件字卡」，包括「口、木、水、手、火、日、又……」等，每個字卡可以重複使用，例如，木可以使用二次，變成「林」，口可以使用三次，變成「品」，而字形也可依照國字的組成結構做變化，如「手」變成「扌」，「火」變成「灬」，老師先在黑板上示範，將「水」與「也」拼成「池」，接著再交給小組各自腦力激盪。

在競賽的過程中，會出現一些問題，包括「土」可不可以看成「士」，「辶」可不可以看做「廴」，老師可以視情況，適時放寬標準，但不能脫離生字最初的形體，必要時，老師也可以適時地補上一些字卡，增加字數組合的可能性（隔五分鐘，放一個「糸」；再隔五分鐘，放一個「目」……）。

部件組合，提升識字量

有些小朋友，一次看到十五個字卡，就被搞得暈頭轉向；有的小朋友先從一個字卡看起，再拿其他的字卡，左拼右湊，只要拼成一個字，便會小組鼓勵，齊聲喊著「賓果」；有些小朋友把所有的補充教材，一目十行地看過，試圖找出可能的字；有些從字典的部首開始找起，一個一個核對可能的字；當大家對於黑板上的字卡，早已「黔驢技窮」時，只要老師再放上「新的字卡」時，他們便會像得到救星一般，再度找到拼字的動力；經過一節課的討論、拼湊，最後以其中一組所拼出的四十六個字為最多！由於這個文字拼圖相當有趣，連老師都忍不住拿出紙筆，親自拼湊一番呢！不過，俗話說，三個臭皮匠勝過一個諸葛亮，團結力量大，老師單打獨鬥，當然比不過學生整組的集思廣益呀！

觀察力，嘗試錯誤法

這個遊戲的目的，就是讓學生能夠對字的組成有相當的概念，知道有一些文字都是由不同的部件所組成的；同時也考驗他們觀察的能力，能夠在最短的時間內，拼出最多的字。我也告訴學生，因為寫錯不會倒扣，所以可以試著把可能的字，七拼八湊，或許可以「碰運氣」，得到一些分數，因此可以看到學生拼出許多奇奇怪怪的字來，這也是我們教育理論中的答題技巧，也正是所謂的「嘗試錯誤法」。

經過這次的活動之後，我相信大部分的學生對於查字典、認字、字形結構、合作學習，都有進一步的興趣；當我看到每一組的組員，都能殫精竭慮、絞盡腦汁地討論時，我知道這一堂課，對他們來說，是相當有趣的！

▼教師手寫書法字，將字卡張貼於黑板上。

▲教師請各組的一員，上台書寫所拼出來的字。

▼小朋友分組討論文字拼圖。

▲小組合作完成的文字拼圖成果。

心茹：以前都沒想過可以拼出這麼多字，這次和同學大家一
　　　起努力，我們這一組拼出最多的字。

佩靜：我們為了找出最多的字，還發明了很多奇怪的字，不
　　　過老師鼓勵我們，叫我們不要害怕造錯字。

有財：如果可以常常玩這個拼字遊戲，我覺得我認識的字一
　　　定會越來越多。

 教學延伸

· 拼完這麼多字之後，家長或老師可以進一步請學生說出「語
詞」，以確認「字與詞」的搭配是對的。例如，「心情的
『情』」，若孩子說成「心『晴』的『晴』」，則錯誤。

小朋友，下面有很多文字的部件，請你用以下的部件，拼拼看可以拼出什麼字來。每個部件都可以重複使用哦！

例如：月＋月＝朋。示＋土＝社。

木　手　女　王　广　子　言　十　糸

佳　寸　水　心
口　艸　耳　日
肉　令　也　示　土
月　人　足
山　火
戈

聶	伙	池	玲	討	好	昌

接下來，用上一頁拼出的字，看看能利用它們造出什麼詞來呢？

聶	聶先生
伙	伙伴、伙房、伙食
池	水池、池塘
玲	玲瓏
討	討厭、討喜
好	
昌	

3 文字組合卡 活動難度：★★★★★。

有些文字是很奇妙的，它是由各個「小小螺絲」所組成的。現在，要請你注意每一個小螺絲，想想看，能不能把這些小螺絲再重新組成不一樣的字吧！

ㄌ＋口＝加

📍 **活動步驟**

1. 教師先將範例列於黑板或圖畫紙上。

2. 請學生觀察各部件（各部件顏色最好能各不相同）。

3. 準備一張紙，讓學生試寫答案。

4. 學生仿作，自行命題。

活動提醒

1. 此活動稍難，但只要稍加引導，就能完成。

2. 教師在活動前，可以稍加說明部件的定義。

3. 可以目前國語課本出現的文字，為佈題的方向。

語文桌遊，融入教學

有一款桌遊卡牌，叫做「漢字7彩卡」，這次，和小朋友一起互動的語文活動，就是模仿這個活動設計而來的。

我拿出其中的一張紙牌，告訴學生：「請觀察這四個字，並仔細看出所有的部件與顏色」，學生便回答我：「我看到了黃色的『大』、橘色的『口』、淺藍色的『灬』、藍色的『斤』……」；我接著繼續請學生看紙牌上的提示：「請選三色組成一字（9畫）」，也就是說，要選出這些顏色當中的三個顏色，把它們組

▲ 陳伸《漢字7彩卡（進階版）》。
（信誼基金出版社提供）

成一個九畫的字。

學生左思右想，不停地拿出紙筆來嘗試，最後，終於有一位學生大聲地說了出來：「老師，是不是『柯』先生的『柯』」，全班都認同，並且給予熱烈的掌聲。

有了這樣的引起動機，我繼續告訴學生，有些文字是由許多部件所組合而成的，透過敏銳的觀察力，也可以把這些部件重新組裝，拼成另一個字哦！例如，「加」是由「力」與「口」所組合而成的。「休」是由「人」與「木」組合而成的。但「木」和「口」組合成後，又可變成「杏」或「呆」。

文字部件，學習觀察與組合

小朋友們覺得很有趣，於是我又找了一些文字，讓孩子們拆解，例如：「昌、泉、語、漸、吹、趣」等合體字，我把這些文字當做一個個的組合玩具，詢問孩子：「『語』這個字可以拆成哪些小零件（部件）呢？」孩子清楚地說出來：「言」、「五」、「口」；接著，我又請孩子們說出「村、泉、漸、吹」等字的部件有哪些。孩子能正確回答，也發現合體字的妙趣。

我再任意從這幾個字當中，請學生們觀察各個部件，請他們說說看：「『漸』的三個部件，和『吹』的二個部件，可以如何搭配，便成一個正確的字？」孩子們開始發揮觀察與組裝的能力，在一陣熱烈討論之後，得出了「軟」、「欣」的答案，還有小朋友問：「可不可以重複用『三個車』變成『轟』，或是把『水』看成『氵』變成『沂』？」我持開放的態度，就是希望孩子們可以不斷觀察、嘗試、組裝，拼成更多的字。當然，還

有一些學生，自行造字，拼裝組出了許多很奇怪的字來。同樣的方式，我再請學生想想看：「從『村、泉』兩個字的四個部件中，拼出一個字，可以拼出哪個字呢？這個字是 9 畫。」孩子左思右想之後，寫出了「柏」字。經過了一番的舉例、思考、討論之後，孩子們終於知道這次的活動要做什麼了。

學習者，進階到命題者

然而，我希望孩子不只是被動地了解「拼出來的答案」而已，我更希望他們可以成為一位出題者，於是，我發下了一張學習單，請他們仿照我的方式，自行設計題目，而這張題目的書寫方式，有幾個規則：「第一，每個部件要用不同的顏色來呈現。第二，要告訴猜題者，答案是幾畫的字。」解說之後，我們的創作活動就開始囉！

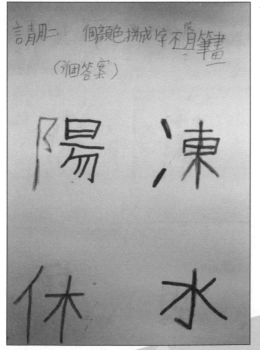

◀學生自行設計的內容。

學生回饋

汝芳：這是我第一次玩這個遊戲，以前老師有介紹過這種桌遊牌，
　　　不過從來沒有玩過。

翰昇：我以前都不知道文字可以拆開，而且還可以組裝回去，真
　　　好玩。

品亭：有時候要想字會想很久，但是大家一起想，我覺得很有趣。

教學延伸

1. 孩子命題時，如果覺得一次要寫出四個字有點困難，可以嘗試
　 寫二個字、三個字即可。

2. 文字寫出來之後，還可以搭配本書的活動單元「文字畫圖」、
　 「猜字謎」，增加趣味性哦！

3 文字組合卡

請小朋友，讀一讀這次活動的文章，再聽從師長的指示，模仿 P.31 的
圖卡，自行創作出你的「文字組合卡」吧！

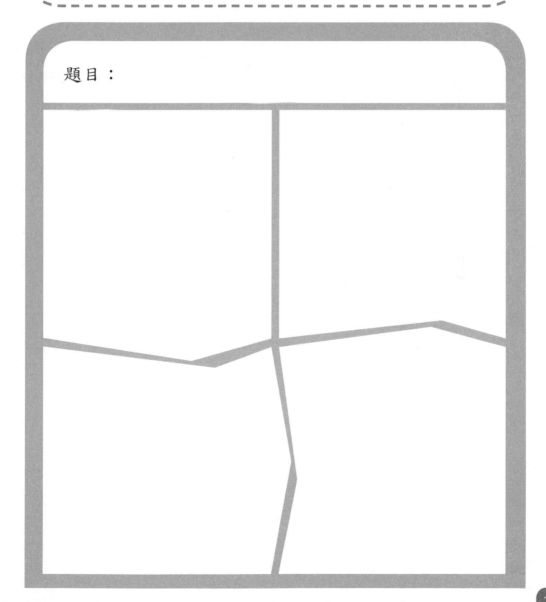

題目：

多一點創意、思考，能讓生活充滿樂趣哦！

題目：

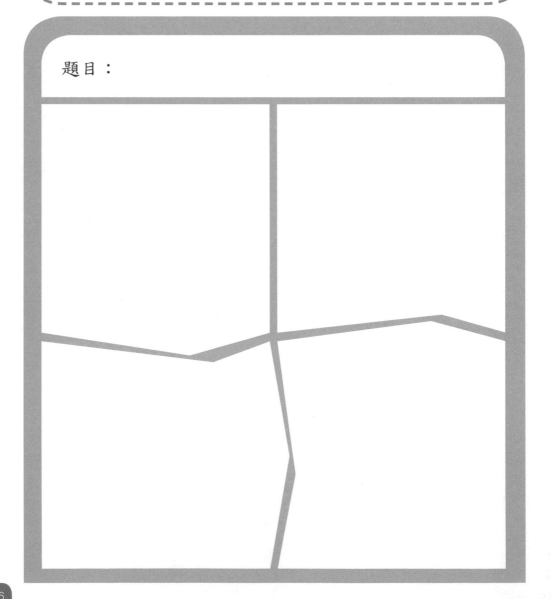

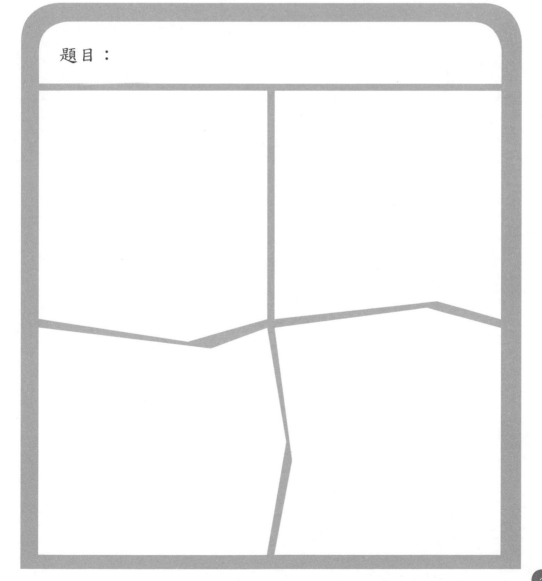

觀察文字、組裝文字，
能提升你對文字的敏感度哦！

題目：

4

文字畫圖

活動難度：★★★★★

你喜歡塗鴉嗎？如果你喜歡拿色筆彩繪，就不要錯過這次的「文字畫圖」哦！發揮你的觀察力、想像力，相信每個字，都可以用「圖」的方式表現出來哦！

 活動步驟

1. 教師可先在黑板上示範。

2. 教師解釋每個部件與每個圖的連結。

3. 教師發下空白紙，請學生備妥彩色筆。

4. 學生發揮想像力，自由創作。

1. 可提醒學生畫大一點，以便用作教室布置。
2. 可讓學生針對該字，再寫出語詞、成語、造句……等。

文字畫圖，多元想像

那一天，我跟孩子說，我們來「畫文字」吧！孩子們躍躍欲試，我問他們：「文字可以怎麼畫呢？」孩子們答案紛紛出籠。有的孩子說，在文字上面塗上顏色，有的孩子說，把文字的意思畫出來，還有的孩子說，可以畫小插圖來裝飾文字；最後，我跟孩子說，我們要先觀察每一個字，把每個字的小細節（部件），以畫圖的方式呈現出來。

教師示範，學生猜測

我請孩子翻開國語課本，任意選了幾個容易畫的字。首先，我在黑板上示範了幾個字。我在黑板上畫了二把小草，接著在小草的下面，再畫一個人，人的下方，又畫了一棵樹；我的圖畫大功告成，我請孩子猜猜看，這是什麼字呢？孩子的答案千奇百怪，「草、人、樹、休……」全都自然而然地脫口而出。最後，我公布答案：「茶」，我並一一對照每個部件，讓孩子們意會，終於，他們才知道我在表達些什麼。

畫完「茶」之後，我又繼續畫了第二個字：我畫了「十元硬幣」，接著底下又畫了「太陽」，「太陽」下方又畫了「十元硬幣」，右邊又畫了「月

亮」。我又充滿神祕感地問孩子：「我畫了什麼字呢？」孩子這次終於比較有概念了，他們拿出筆來，在紙上試著寫了出來； 其中一位孩子一馬當先地說：「老師，這個字是不是朝廷的『朝』？」賓果！孩子抓住了文字畫圖的意義了。

觀察部件，學生自創

接下來，我請孩子自己找容易畫的字來畫；在畫文字的過程中，需要孩子幾種重要的「畫字概念」。孩子要畫圖時，必須先觀察字體的組成部件，孩子觀察久了之後，會發現「具體」的名詞是比較容易畫的，例如：「木、人、石、草、魚、太陽、月亮、水、手……等」，孩子也會盡量往這些字去找。其次，孩子還要看清楚每個部件的位置，例如，「艸」若在上面，就要把「草」畫在上面；「人」若在左方，就要畫在左方，不能畫在右方；有些部件畫起來很像，例如：「三點水、一個水、一小點」，而這些都考驗著學生的智慧。

跳脫傳統教學，孩子沈浸情境中

在畫圖的過程中，我發現有的小朋友會誤會「文字畫圖」的意思。例如，畫「雷」的時候，孩子畫的不是下雨和稻田，而是畫「閃電」，這麼一來，就變成孩子把文字的意思直接轉成圖像，就不符合我引導的方向了。又如，有一個小朋友，畫「熱」的時候，直接畫一個大太陽，再畫一個人在流汗；如此一來，也會讓人覺得他是不是在畫「但」、「旰」、「沓」，這也不符合我的畫圖規定。

這堂課，孩子很開心，也畫得極為精緻。我把孩子畫的作品蒐集起來，秀給大家猜；孩子們畫出來的，有「明」、「魯」、「但」、「螞」、「好」……，我讓全班一起猜，這堂課，大家沈浸在美麗的文字圖畫世界裡。

學生回饋

子宸：我很喜歡畫畫，但以前都沒有畫過文字。

加芳：我和同學一起畫「時」，不過我們畫出來的樣式差很多。

明翔：有些字很好猜，有些字我就猜很久，可能是畫圖的人沒有
　　　畫得很清楚吧！

教學延伸

1. 這次畫的是文字，也許可以延伸繼續畫「語詞」。

2. 除了文字、語詞可以畫圖之外，也許還可以畫成語。

3. 畫完之後，還可以進一步帶孩子們運用，這樣才能真正學習。

4 文字畫圖

小朋友，你知道嗎？文字除了可以用「寫」的之外，還可以用「畫」的嗎？當小朋友要「畫文字」時，就要仔細觀察一個字的「長相」，才能正確表達出來。例如：「照」這個字，就是由「日」、「刀」、「口」、「火」四個部件組成的，所以在畫「照」時，就要畫「日」、「刀」、「口」、「火」，而且位置要正確，才能讓其他人正確猜出來哦！現在，就請你運用想像力，畫出一些字來吧！

字	森	字	
為什麼	因為有三棵樹木，從三棵樹木的排列位置來判斷，所以是「森」。	為什麼	
造詞	森林、陰森、青森	造詞	品格、用品、物品

字		字	
為什麼	因為左邊有一個人，右邊有一棵樹，所以我覺得應該是「休」。	為什麼	因為左邊有條小溪，右邊有根釘子，釘子左下有張嘴，所以我覺得是「河」字。
造詞	休息、休眠	造詞	河流、淡水河、河東獅吼

字		字	
為什麼		為什麼	
造詞		造詞	

字		字	
為什麼		為什麼	
造詞		造詞	

活動難度：★★

文字，有時候也是很調皮的，它會躲在一些線條、符號裡面的。這次，要請你睜大你的眼睛，靜下心來，找找看，文字藏在哪裡哦！

活動步驟

1. 教師在黑板上畫一個大的方框，內含米字，如 p.50-51 學習單。
2. 教師示例，如：三、川……。
3. 請學生自由觀察。
4. 小組合作或個別完成均可。
5. 完成之後，再利用時間，寫出語詞。

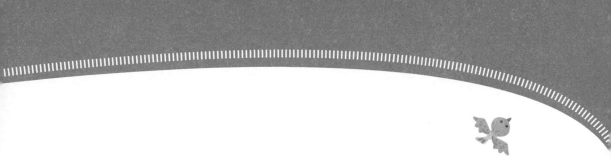

1. 可針對所寫出來的字，持續造詞、造成語、造句。

2. 可連結本書的其他活動，進行「文字畫圖」，或是「猜字謎」等。

方塊文字，饒富趣味

中國文字的特點，在於文字是方塊形，而且絕大多數的字，都是由橫畫、豎畫、撇與捺所構成的，因此，在文字藝術化與文字遊戲化的過程中，便得以享受許多由線條所創造的組合樂趣。

這一節課，我在黑板上畫了一個田字形，外加兩條斜線穿過中心，形成一個極為對稱的圖形，乍看之下，像一張摺過好幾摺的色紙，像一個遊戲迷宮、像一個萬花筒的影像線條；其實，再仔細觀察，將可以發現，它可以成為好幾個中國字呢！例如：三個直畫可以組合成「川」，但真正的「川」字，第一畫是「撇」；二個橫畫，一個豎畫，可以組合成「士」或「土」，但真正的標準字是「上長下短」或「下長上短」，諸如此類的原則，必須事先約定，以免在計算字數時起了爭議。

字典輔助，全班共學

在這個遊戲過程中，我要求每一組需準備一本以上的字典，以便隨時翻閱，隨時發現新字。有的組別採取全體一起討論，有的則採取個別書寫，最後再彙整成整組的文字。在尋找的過程中，我發現孩子對於文字線條的敏感度相當地高，有的從橫畫開始看，有的從直畫開始找，有的把文

字切成左右半邊來摸索，有的則負責看斜線的部分。在分組尋找時，我們全班也試著營造一個發現問題、解決問題的氛圍：比方說，甲組提出：「如果有些筆畫角度和原本差太多時，可以算嗎？（如『卡』字）」，全班則共同討論，取得共識，認為應該可以；又如乙組提出：「可不可以加一小點或加一小畫呢？（如『太』字）」，全班認為，這樣可能不太行。最後，全班共有近六十個不同的文字產生呢！例如：米、千、干、人、北、十、王、玉、工、口……等。

發揮觀察力，玩出造字樂

有些字是學生一、二年級就學過了，有些是有看過但不知如何唸，有些是翻字典才知道原來有這個字，有的更像是「小倉頡」一樣，自己創造出文字來呢！我也相信，同樣這個活動，讓低、中、高年級，甚至國中的學生來找，一定有不同的趣味，也一定會有不同的數量。

這個遊戲容易設計，也容易進行，重要的是，讓孩子們能知道中國文字的特點，是由許多的線條所組成的；更重要的是，藉由尋找、討論、嘗試、發表的過程，激發學生對文字的熱愛；課程中，也可以試著做出更多的延伸活動，找出字之後，加以造詞、找出關係、分門別類，相信必能讓語文學習，更有趣味也更為深入。

▲老師在黑板上畫了一個文字躲貓貓的圖，作為解題的題目。

▲各組小朋友上台把小組找出來的文字寫在黑板上。

世彰：老師很有創意，每次都會給我們玩不一樣的語文遊戲，這次的躲貓貓，我覺得很有趣，謝謝老師。

生盟：我找了很久，只有找到七個字，雖然找到的字不多，不過我覺得很好玩。

政得：有些字看起來有點差異，像「川」，正確的字是撇，但在躲貓貓的遊戲中，卻變成直畫，不過老師說沒關係。老師也提醒我們，只有在這個遊戲可以這樣寫，平常寫作業或考試，就要按照原本的字形來寫。

 教學延伸

1. 老師可以在黑板上，再畫出不一樣的線條或符號，重新再讓學生找文字。

2. 找出來的文字，也可以讓學生試著做本書其他的活動單元「猜字謎」和「文字三缺一」哦！

5 文字躲貓貓

小朋友，不只你們喜歡玩躲貓貓，連「文字」都喜歡玩躲貓貓哦！下方是一個「文字遊樂園」，而許多文字就躲在裡面。現在，請你發揮你的觀察力，找找看這個遊樂園裡藏了哪些文字吧！（只要長得很像的就可以了。）

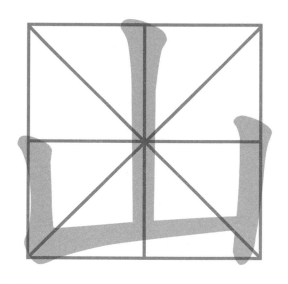

我找到的文字有：						
山						

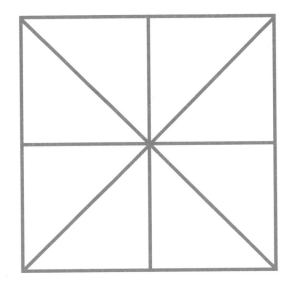

我找到的文字有：

6 活動難度：★★★

如果文字會說話，那麼，這個世
界將會充滿趣味。想想看，文字
如果會說話，它會說些什麼呢？
這次的活動，要讓你觀察文字，
再為他們寫出一段有趣的對話
吧！

木

本

 活動步驟

1. 教師先在黑板上寫出兩個很像的字。

　例如，木、本；木、禾；隻、雙；活、舌……等。

2. 請學生觀察兩個字的差別。

3. 請學生發揮想像力，藉由差別，來創造對話文句。

活動提醒

1. 可請學生盡量想出有趣、生動的對話。
2. 書寫文句時，甚至可加入文字的「表情」、「情緒」等。

文字人，創造了語言

當文字不只是枯燥的文字時，它將可能成為一個個活生生的人。這次的語文課，為了讓孩子能感受到文字的趣味性，所以特地設計了一場「文字對話」的課程，讓學生感受到「文字人」就活生生地在教室裡出現。

首先，我先在黑板上寫了一個「木」字，我先詢問學生，如果在「木」的下方，加了一筆「橫畫」，會變成什麼字呢？孩子異口同聲地回答：「課本的『本』」；那麼，如果在「木」的左邊，又加了一個「人字旁」，又會變成什麼字呢？孩子同樣不假思索地說：「休息的『休』。」同樣的方法，我們變出了「杏、呆、林」。有了許多「雙胞胎」的字之後，我們的「文字對話」就可以準備開始囉！

觀察字形，發揮對話想像力

我請孩子們先從「木」和「本」的關係開始觀察，先讓孩子想想看，「本」的最後一畫（短橫）可以想像成什麼？孩子天真地說：「可以想像成舞台、可以想像成滑板車、可以想像成木板」；我循著他們的回答，繼續延伸：「如果『木』這個字是站在木板上的話，可能產生什麼對話方式呢？」

我試著舉例：「哇！你竟然站在木板上」、「真好，你還可以溜滑板車」。孩子們紛紛笑成一團，也開始交頭接耳地說出他們的答案：「親愛的『小木人』，很羨慕你可以站在二樓。」

接著，我再請他們採取對話的方式：
「木」對「本」說：「親愛的『小木人』，我真羨慕你可以站在二樓，不過你看起來也沒有比我高。」
「木」對「本」說：「你壓了一片木板在你的腳上，不覺得痛嗎？」

光是這兩個字的對話，孩子就發揮了大量的想像力、觀察力，試圖找出有趣的對話方式。之後，我們又從「木、休」、「木、林」、「木、沐」來創作字和字的對話，學生的答案五花八門，相當有趣。

欲罷不能，語言創意在教室蔓延

「木」對「休」說：「你這麼寂寞呀！旁邊還需要一個人來陪伴。」
「木」對「休」說：「你最近交了一位女朋友囉！」
「木」對「休」說：「原來你是一個膽小鬼，旁邊還要有一個人來保護你。」

有的學生跳脫這兩個字的前後關係，也創作出不一樣的對話來：
「休」對「木」說：「你和你朋友最近怎麼沒有在一起了呢？」
「休」對「木」說：「風這麼強，把你的人形立牌吹倒了！」

除了木、林、休、本、沐……這幾個字之外，我還請學生從曾經學過的字來觀察、創造；例如「甲與申」、「田與由」、「車與陣」、「呼與乎」、

「習與羽」……等。我試著讓小朋友小組討論，並記錄下來，我發現，這是讓他們能熱烈討論，而且充滿笑聲的一堂課。

字形延伸，寓教於樂

這堂課的目的，便是希望學生能先從一個字開始，再從這個字延伸形近字，或是增加了某個部件的字，並透過對話的創作，讓他們知道文字也可以化身為「人」，產生對話，創造趣味。一開始，我也擔心孩子會不會覺得太難創作，或是要寫這麼多字而顯得興致缺缺，沒想到，每個孩子都創作了很多，而且還意猶未盡地與我分享更多生活中出現的字！

編號	字一	字二	我 會 自 己 設 計 對 白
1	宋	木	別以為你拆下帽子，我就認不得你的！
2	火	炎	你怎麼那麼愛玩疊羅漢呀！
3	本	笨	你被竹子打到所以變笨本吧！
4	石	岩	有人被岩砸到爆頭吗！
5	合	盒	我收常了很盒快要爆掉了啦！

▲補救班的學生所寫出來的成品不是最完整的，但卻是最用心的。

學生回饋

語橋：一開始我寫的對話很不有趣，經過老師的指導之後，就變得比較生動了。

榮祥：要找二個相像的字，我覺得不難，可是要變成對話，就覺得有一點難。

定章：能把文字變成對話，我覺得很生動，希望以後可以常常玩。

 教學延伸

‧師長可以試著把孩子所寫的對話，畫成一格漫畫，再張貼出來。

文字像很大

現在，先請小朋友想想你們認識的字，有哪些是「像很大」的呢？

然後，再請你們幫忙設計對白唷！

編號	字一	字二	我會自己設計對白
1			
2			
3			
4			
5			
6			
7			
8			

7 文字計算機

活動難度：★★★

小朋友，你可能會想，能夠計算的，大概只有「數學」吧？其實，在生活中，多點創意、多點巧思，就可以發現，有很多東西都是可以「計算」的哦！今天，就讓我們來玩「文字計算機」吧！

📍 **活動步驟**

1. 教師先在黑板上寫出一個字。

2. 例如，請小朋友說說看，「朋」這個字的組成方式。

3. 引導學生說出「兩個月」，或者「月＋月」，或者「月 ×2」。

4. 依此類推，可以運用「＋－×÷」，為文字變出一道算式。

5. 請學生寫出文字算式，兩兩互相解答。

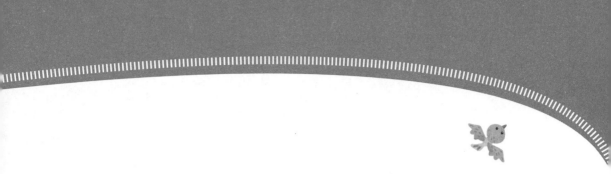

1. 可搭配國語課本生字來進行。

2. 可提醒學生一些數學概念，如「括號」、「先乘除後加減」……等原則。

靈光一閃，文字變數學

那一天，上完國語生字之後，正在苦惱，有沒有什麼方式，可以讓學生激發「創意學習」；因此，我左思右想，最後迸出了一個「加減乘除」的文字遊戲，我跟全班說了一下我的遊戲理念，這時，聰明的學生就為這個小遊戲想出了有趣的名字：「文字計算機」。我們全班點點頭，嗯，覺得這真是一個簡單又明瞭的遊戲標題。

我先在黑板上簡單佈題：「月＋月＝（　　）」，學生很快就能回答出來：「老師，這題是『朋』」；接著，我又創造了第二題：「動－力＝（　　）」，學生也似乎覺得很容易，異口同聲回答：「老師，是不是『重』。」我繼續出了有難度的第三題：「晶 ÷ 3 × 2 ＋人」，這時候學生開始覺得有難度了，紛紛拿出紙筆來：「老師，是不是『昌』？ 老師，是不是『晶』？老師，是不是『唱』……」種種答案，不一而足，我公布了答案，這題稍有難度，答案為「倡」。

我跟學生說，我們在佈題的時候，可以運用加減乘除的符號，可以運用括號。當然，更重要的，仍是要先從「文字本身」，仔細地觀察、仔細地想像、仔細地命題。在想這個字的時候，就得去想這個字是從哪些部

件所組成的，而這些部件又和哪些字有連結。例如：「社」字的左半部為「示」，「示」可聯想成「祠－司」；「土」可聯想成「二十1」，或是「（堯－兀）÷ 3」；種種的搭配組合，就可以列出有趣又多樣的「文字算式」了。

文字命題，複習課本文字

於是，我請孩子們先拿出國語課本，把學過的字，全都仔細觀察一遍；可以是列在頁面下方的生字，可以是課文裡面的文字，甚至是跳脫課本而自己想到的字；這時候，我發現孩子認真的眼神，嘴裡還「念念有詞」呢！我發現，以前請他們多看文字、多寫生字，常常是意興闌珊的，沒想到，因為這個遊戲，讓他們得以認真「讀字」，並且認真「命題」！

在整個活動的過程中，我發現有些孩子的命題很簡單，例如：「日＋曰」、「魚＋日」、「言＋五＋口」；有些孩子則會多思考，寫出較有深度的計算題，例如：「好－子＋品÷ 3」、「灶－土＋伙－人」、「（李－子）×2 ＋芥－艸」。在巡視的時候，我也盡量請學生能多寫一些、多想一些，以增加命題與思考的趣味性。

這次的小活動，雖然只有利用十分鐘，但卻讓孩子回味無窮；在往後的回家作業中，我發現有的孩子還會主動在作業簿上寫出文字計算機，要讓老師猜；有的孩子在彈性時間時，也會說：「老師，要不要玩文字計算機？」這樣的成效，讓我相信孩子喜歡語文、喜歡文字計算，更喜歡創意思考！

盛茗：我以為只有數學課才可以計算，沒想到語文課也可以。那麼，社會課有辦法變成「社會計算題」嗎？大家一起來想想吧！

恩嘉：老師一開始說我的題目很簡單，後來我慢慢思考之後，老師誇獎我說我的題目變得很有深度呢！

芳雯：我的回家作業都會固定寫幾題讓老師猜，老師很聰明，都能猜出來。有時候我也會出題讓同學猜。

 教學延伸

1. 除了文字可以計算之外，也許也可以延伸到「語詞計算、成語計算」。

2. 除了運用在語文課之外，可否運用在社會課、自然課，或者融入在不同的議題呢？

文字計算機

小朋友，你可能會想，能夠計算的，大概只有「數學」吧？其實，在生活中，多點創意、多點巧思，就可以發現，有很多東西都是可以「計算」的哦！今天，就讓我們來玩「文字計算機」吧！

基本題

題號	文字算式	答案
1	人＋木	
2	竹＋木＋目	
3		計
4		方
5	口 × 3	

題號	文字算式	答案
1	林	攀
2		莫
3	如	好
4	蟲	蝴
5	昌 ÷2	時
6	日 ×2＋（ ）－匕	暑
7	口 ×2＋（ ）＋（品 ÷3）×2	器
8	（ ）－人＋財－才	費

以下，就讓小朋友自行命題，並考考同學哦！

自由挑戰題

題號	文字算式	答案
1		
2		
3		
4		
5		
6		
7		

題號	文字算式	答案
1		
2		
3		
4		
6		
7		
8		

8 一圖代表字

有時候，一個「字」就有無限的意義。一個字，可以展現它的情緒、它的內涵、它的思想；準備好了嗎？現在，你就可以想一個代表你自己的字、代表朋友的字、代表考試的字……

活動步驟

1. 教師先針對一個情境來舉例。
2. 詢問學生，這個情境會讓他們想到什麼？
3. 針對想到的內容，濃縮成一個「字」。
4. 發下學習單，或圖畫紙。
5. 可針對這個字，加入藝術創作。

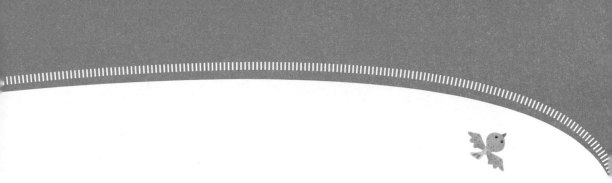

活動提醒

1. 所畫的文字，盡量大方、用色多元，以便用作教室布置。
2. 可進一步請學生再寫出選擇該字的「原因」。

代表字，學習情境精煉

適逢校慶，學校希望可以有孩子的「校慶作品」呈現於穿堂，最好能結合藝術與語文，於是，我靈機一動，與藝術人文老師協同教學，讓這個小創意能靈活地躍於紙上。

近年來，社會上興起一股「代表字」的風潮，於是，我也嘗試把這個主題，融入於「校慶70週年」上。首先，我先帶孩子思考「你能否用一個字，代表對學校的祝福？」，或是你覺得有哪個字可以代表你和學校的關係？我舉了其他班同學的例子，例如，有人寫「樂」，因為在這間學校學習很快樂，有了許多小樂子，所以希望學校70週年生日快樂。又如，有小朋友寫「讀」，因為他在學校經常閱讀，也熱愛閱讀，他希望學校70週年生日快樂，也祝自己閱讀量更多。也有小朋友紛紛寫下自己的理由與祝福語。

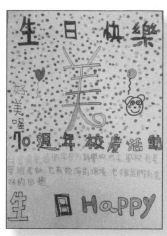

▲小朋友為學校的 70 週年校慶，寫下「美」這個代表字。

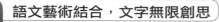

語文藝術結合，文字無限創思

當孩子思考了五分鐘之後，孩子的答案紛紛出籠，包括了「平、安、心、自、讀、寫、歡」等，每個孩子也都能針對自己所想到的，提出自己的想法。而因為是「代表字」，所以我希望孩子把「字」呈現得更為完美，因此，我請藝術人文老師，指導孩子如何設計藝術字。例如，有孩子把「平」用細字筆描了框，還畫上了一張平安符，也用許多小圖示突顯「平」字的意涵。有的孩子運用了彩色鉛筆或彩色筆，讓每一張的風格都略有差異；有的小朋友擅長畫圖，所以除了畫出簡單的點綴之外，也畫出了代表性的圖案；有的小朋友拼貼一些小碎紙卡，讓畫面的組成更為豐富。

文字產出，闡述理念

喜歡推動語文的我，這時才發現孩子在藝術的表現上，仍是充滿活力的。在這次的文件書寫中，我希望孩子可以寫出幾個面向：「為什麼選這個字？」、「學校給自己的感覺？」、「這個字可以造出哪些詞語，可以如何串接成一些短文？」、「對學校的祝福與期許」；在簡單的引導之後，我發現學生的作品令人大開眼界！

千晴寫「彩」，他覺得彩是代表美麗、耀眼，所以很能代表自己的學校，也希望以後的學校能比現在更好。家右寫「靜」，他覺得學校可以讓自己的心靜下來，感覺是一個很好的休閒場所……。冠安寫「狼」，因為他希望校慶運動會時，他的跑步速度能像狼一樣快。軍瑋寫「愛」，他希望 70 週年的校慶，大家可以相親相愛，共同愛護這個校園。

每位學生，都有對學校的祝福；我們協同教學，用特別的藝文作品，迎接校慶！

學生回饋

芳情：我的作品會被張貼出來，我覺得很有成就感。

書亦：一開始都想不到代表字，但老師慢慢引導我，快樂、樂觀、
　　　享樂，我就寫出了「樂」字。

翔證：我覺得很有趣，因為文字也可以變成一張圖畫。

教學延伸

‧可以延伸成「代表語詞」，例如：「快樂、可怕、榮譽、晴朗」等。

一個字寓含著許多意義。有時候，一個簡單的字也道盡了所有的畫面。常常，在年底，總會有報社票選出台灣的「年度代表字」，現在，也請你在任何的情境裡，想一個「代表字」，並用彩繪、藝術的方式，為這個「字」加點裝飾哦！

情境	代表文字
學校	

原因	造詞
因為學生每天都開開心心，家長放心，老師用心教導我們。	心情、愛心、心平氣和、心靈

情境	代表文字
生日	

原因	造詞

情境	代表文字
家庭	

原因		造詞

情境	代表文字
生氣的時候	

原因	造詞

猜字謎

活動難度：★★★

大家都喜歡猜謎語，而這一次，我們要化身為「出題者」哦！出謎題並不難，只要對文字有所了解、發揮想像力、寫出流暢的句子，那就是最棒的謎題囉！

 活動步驟

1. 教師先以一般的猜謎，做為引起動機。

2. 教師先出幾題「文字謎題」，讓學生猜，作為提示。

3. 請學生自行設計文字謎題。

 活動提醒

1. 文字可以是該課的生字，或是課外文字。

2. 可在題目下方列出「筆畫」。

3. 要求學生寫出流暢的文句。

4. 可進一步要求造詞、成語、造句，加強語文能力。

猜字謎，另類生字學習

在我的班級裡，國語課一直都是充滿歡笑聲的。有時心血來潮，我會和班上的小朋友一起玩「猜字謎」的遊戲；先由我示範出題，學生想謎底，接著，等他們熟悉出題的方式之後，便由各組自行命題。

由我出題的字謎完全出自於「最近教過的生字」，所以學生必須熟讀課文的生字才容易作答；當然，如果有些組別想出「範圍外」的字，也必須在謎題上預作註明。

 搭建鷹架，字謎有深度

一開始，有一些小朋友的題目不是很好，例如：「木＋木」，這種不但一眼就能看出答案，而且題目也不是「完整的句子」，這樣的出題方式，便失去「命題」與「答題」的用意了；因此，在經過一番引導、解說之後，他們便想出了一些語詞，串起合理的句子來：「兩棵樹木在一起」、「雙胞胎樹木」、「樹木雙重送」，確實表現出比之前更好的程度了。

在這些題目中，出現幾道有趣的題目：如「魚跳到太陽上面」（魯）、「十五個人」（傘）、「別再包圍這些人了」（齒）、「兒童沒有腳」（臼）、「青色的眼」（睛）、「它像薄荷，但是被竹子遮住了」（簿），經過全班二十多位同學的分組集思廣益，我們創作出近七十道題目，雖然未必每道題目都是「上上之選」，但至少讓我們看到小朋友願意思考，願意對「字」做更細緻的觀察：包括筆畫的觀察、部首的觀察、意思的觀察以及拆字、合字、增加刪減字根部件……等；而這些觀察，正是語文的重點項目，也是組合成一個國字的核心概念。

邏輯訓練，學生樂於出題

當然，除了對「字」的觀察外，還得以「有邏輯」、「通順」的句子來表述題目，這對於句子的訓練也相當有幫助。這堂課的最高點，莫過於每個小朋友，看著黑板上的題目，踴躍地舉手，「當仁不讓」，每個小朋友都拜託「出題的小老師」能夠叫到自己呢！只要答對一題，就能得到一張獎勵卡，吸引力十足！

小試身手，好有趣

最後，我告訴孩子，我們把這堂課的謎題及答案一起寫在壁報紙上好不好？每個小朋友都異口同聲地大聲說好，並且，各組還出了一道小小的題目，要考考各位聰明的小讀者呢！

(1) 手足之情　　　　(2) 倉庫上的草　　(3) 兩個土女孩
(4) 青色的米　　　　(5) 利用土當保鑣　(6) 太陽、月亮站在一起
(7) 兩張嘴巴連在一起　(8) 屋簷下的小女孩

看看這些題目，是不是很有三年級的「天真童趣」呢？

答案：
(1) 捉 (2) 舍 (3) 娃 (4) 精 (5) 堡 (6) 明 (7) 呂 (8) 安

學生回饋

惠珺：以前我常常猜謎語，或是猜腦筋急轉彎，但是現在我變成
　　　出題目的人，我覺得有一點困難，但是很好玩。

靜桉：我覺得我的題目好像很簡單，因為每次出題都會被猜出來，
　　　我要學習出題目的技巧。

威廷：第一次出題目，我覺得很有趣，希望老師可以常常帶我們
　　　玩。

教學延伸

1. 可以延伸成「語詞猜謎」，或是「成語猜謎」。
2. 可以在元宵節前後，設計這個活動。

猜字謎

猜謎是很有趣的。猜謎不只可以讓我們動動頭腦，還是一種很好玩的趣味遊戲。不要小看一個簡單的「文字」，其實每個文字的背後，都是一段有趣的「詞句謎題」。現在，就讓我們一起來動動頭腦，猜猜看以下各題的字謎答案各是什麼？

題號	謎題	答案	造詞
1	三個嘴巴玩疊羅漢	品	品格、產品
2		休	
3			林先生、森林
4			晶瑩、亮晶晶
5			
6			

現在，
換你來出題囉！

題號	謎題	答案	造詞
1			
2			
3			
4			
5			
6			

題號	謎題	答案	造詞
7			
8			
9			
10			
11			
12			
13			
14			

筆記欄

10 小小倉頡

我們現在所寫的每一個字，都是由前人所創造出來的；小朋友，你們有沒有想過，也許自己也可以創造文字，讓後人來書寫運用呢？

中月大

 活動步驟

1. 教師先預備好一些合體字的範例。
2. 請學生仔細觀察這些合體字，並試著將這些字解體。
3. 教師指導學生「共用部件」的概念，如「水果」兩字，都有豎畫、撇畫、捺畫，就可以考慮共用。
4. 請學生想一個語詞，並試著創作出合體字來。
5. 請學生試著為此字自創出注音、寫出解釋。

1. 有時候不一定要「部件完全相同」，如果「相差一點點」也可以變成
   合體字，例如：「指導」二個字，「指」有「口」的部件，「導」有「目」
   的部件，便可以考慮共用。

2. 請學生多想語詞，才能創作出更多的可能性。

3. 不要擔心所創造出來的字會奇怪，這是一堂「文字自造課」！也許發
   揚光大之後，二十年後大家都會採用呢！

 觀察合體字，想像組成分子

每個人都有造字的能
力，這節課，全班化身為
「小小倉頡」！

首先，我在黑板上，先貼了一張
四字的「合體字」，請小朋友
們發揮觀察力，猜猜看這可能是
哪四個字。學生答案紛紛出籠，
包括了「界線、我和世界、人和
世界……」，最後，我講述了災
難、核彈、地震……等新聞，提
示之後，有一位學生便說：「世
界和平」，沒錯，這個四字聯便
是「世界和平」。

▲猜得出孩子和老師的書法字的答案是什麼
嗎？

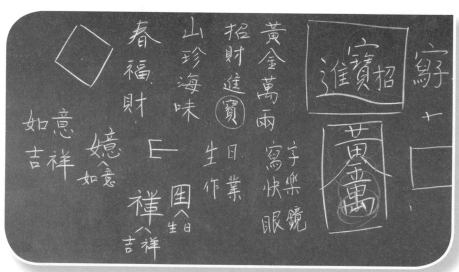

▲老師在黑板上一一示範。

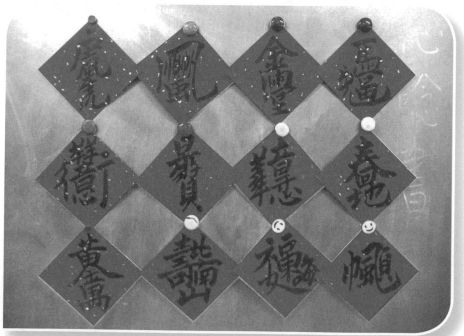

▲老師以書法字呈現合體字，讓全班觀察，並想出是哪些合體字。

拆拆合體字，考驗語文能力

我們常看到的四字聯有非常多款，包括「招財進寶」、「日日有見財」、「黃金萬兩」、「好學孔孟」，我將這四個字寫在黑板上，並讓學生想想看，如何把這四個字，組裝成一個合體字呢？這時候，考驗了學生幾個語文的觀察能力，包括：（一）能否將四字合在一個方格子裡、（二）學生能找出共用的部件、（三）學生能判斷哪個部件適合當部首。

接著，我請他們繼續完成「詞語與姓名造字」。孩子們興致勃勃寫出來的，包括巴士、水果、玉米等合體字，有些組出來的字，一眼便可瞧出其意，有些則需要多費心思、抽絲剝繭才見其意。孩子們同時也創造了「姓名單字聯」，有些孩子在創作的過程中，體認到原來自己的名字也可以組成一個藝術字；有的孩子體認到自己名字在字形上的趣味性；我跟孩子們說，以後如果你們聲名大噪的時候，有人要請你們簽名時，也許可以考慮創造一個「合體姓名字」哦！

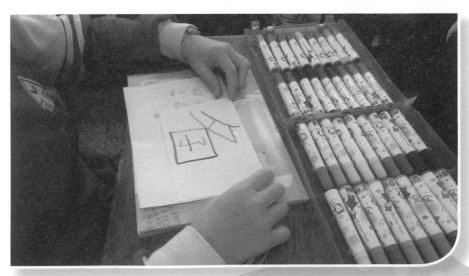

▲小倉頡正在創作文字。

造字形，想字音，編字義

除了「造字」之外，我告訴孩子，「字」的探究可以從幾個層面來談，包括「字形」、「字音」、「字義」。我舉了幾個例子，例如，之前在網路上流行的「石犬」字，在字典裡並沒有收錄，當然就沒有注音，創造的人說，此字的注音為「ㄍㄞ（帶有鼻音）」，「代表一顆石頭砸中一隻狗所發出來的聲音」，孩子們覺得很有趣。

孩子們把「吉祥」兩字合起來，自己造的音為「ㄐㄧㄤ ˊ」，為好事、吉利、祥和之意。「水果」合成一字，因為採收水果很辛苦，會發出「嘿」的聲音，所以讀做「嘿」，意思為採收水果的辛苦。而這樣的造字過程，也培養孩子對「字」該有的認知。

期待你也是小小倉頡

課程結束後，大家交互分享，孩子們普遍很喜歡這個小活動；我在孩子們的眼中，看到童真與無窮的靈感；孩子們，你們加油，也許未來有一天，我真的會看到你們在報章雜誌上的專屬簽名哦！

學生回饋

芯萍：今天我也成了一位文字小倉頡，我覺得很有趣，因為以前都沒有這樣子玩過。

呈香：我有學過書法，我回家想要把我創造的字，用毛筆寫出來。

漢昆：我創造的這個字是「生日」的合體字，有一些同學有猜出來，有一些同學沒有猜出來，我覺得很好玩。

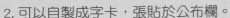

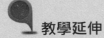 **教學延伸**

1. 可以進一步請學生幫自創的字編部首、算筆畫，並可運用自創字造詞、造句甚至寫成書法字。
2. 可以自製成字卡，張貼於公布欄。

小小倉頡

小朋友，你相信嗎？只要我們發揮一些觀察力、想像力與創造力，你也可以變成一位倉頡，發明文字哦！首先，我們一起來猜猜，以下書法字是哪些字的合體呢？

題　號	謎　　題	答　案
1	橇	
2	楓	
3	麂	

題號	謎題	答案
4		
5		
6		
7		

題號	謎題	答案
8	賆	
9	齾	
10	毳	
11	罻	

題號	謎 題	答 案
12	禑	
13	薑	
14	龘	
15	龘	

題號	謎題	答案
16	薝	
17	纝	
18	幗	
19	朋鸎	

現在，就請你跟著老師的範例來做，
當一個文字發明師吧！

題號	範例	注音	造詞	解釋與例句
1		ㄍㄨㄛˋ，注音同「過」。	·熱帶「果」 ·「果」凍	解釋： 泛指各類型的水果。 例句： 只要到了夏天，我們就喜歡吃「果」凍。
2				

喜歡你自己的創作嗎？
記得和你的好朋友一起分享哦！

題號	範例	注音	造詞	解釋與例句
1				
2				

題號	範例	注音	造詞	解釋與例句
3				
4				

11 注音擴增器

活動難度：★★

一個字的組成，包括了字形、字音和字義。今天，就讓我們從「字音」開始玩吧！如果可以常常玩這個小遊戲，相信小朋友會認識更多的文字，進而認識更多的語詞，也可以讓自己的反應能力變快哦！

活動步驟

1. 教師先針對一個注音符號來舉例。

2. 教師在黑板寫「ㄇ」，詢問有哪些字的注音有「ㄇ」。

3. 學生的回答可能為：馬、美、慢、妙、免……。

4. 可以進一步引導：「馬路的『馬』」、「美麗的『美』」……。

5. 教師讓學生自由選擇一個注音符號，並比賽誰寫的國字最多。

6. 文字書寫之後，可進一步引導部首、筆畫，甚至語詞、造句。

活動提醒

1. 盡量不要查字典，否則會將有相關的國字全都抄一遍，失去活動意義。
2. 國字欄盡量都寫國字；造詞、造句則可依程度而適時寫注音。

注音引導，誘發產出動機

在我的教學印象中，有多數的孩子是不愛寫字的；因此，為了解決這個問題，我設計了一個「注音擴增器」的文字遊戲，希望讓孩子可以大量水平思考，快速從注音符號中產出文字。

首先，我先在黑板上寫了一個大大的注音符號「ㄇ」，試著詢問小朋友，有什麼字的注音符號裡面有「ㄇ」的呢？國小二年級的學生踴躍地回答：「美、慢、馬、媽、妙、妹」；有鑑於這樣的回答，只有停留在文字層次，無法真切明瞭學生的字詞對應關係，於是，我又進一步引導：「可否給我一個完整的字詞搭配呢？」這時，學生說出來的答案，包括了「螞蟻的『螞』」、「美麗的『美』」、「奇妙的『妙』」……，不勝枚舉，從這樣的熱烈互動中，我可以初步判斷，孩子了解我的活動引導，也因此，我更能確認，這次的課程，他們會有興趣的。

第一關　注音擴增器					
小朋友，現在請你們先想一個注音符號，接著，再從這個注音符號，來想出有哪個國字，是含有這個注音的。例如，「ㄇ」，有「媽」、「美」、「某」、「明」、「忙」…。					
注音(ㄅ)	白	百	爸	筆	抱	巴
八	標	北	包	吧	伯	班
拜	扮	板				

◀圖為補救班孩子的作品，因此成效不如一般班級好。但此學習單、此教學方法，適合在所有年級、所有班級運用。

選擇注音，看見學習力

於是，我發下了一張遊戲闖關單，請孩子可以任意選擇一個他們喜歡，或容易發揮的注音符號來書寫國字；不知怎地，學生的直覺反應，都要寫「ㄅ」，一問之下，才知道，原來孩子都覺得「ㄅ」應該是最容易發揮的，或者說，ㄅ是選擇在注音符號朗誦的第一順位，所以孩子直覺就想選它吧！後來，我跟他們說，一定還有比「ㄅ」更容易發揮的，孩子後來所選的，就有了變化了。

我一番巡視，孩子寫的包羅萬象，有些極為正確，也寫出一些沒有教過的字；有些學生則注音符號正確，但國字寫錯；有些學生則注音和國字完全錯誤。經過幾分鐘後，我試著讓孩子查查字典，再補充幾個國字，隨後，他們所寫出來的，才有「漸入佳境」的感覺。

注音為始，延伸字詞句

書寫完國字之後，我更進一步引導，請他們任選幾個國字，造出語詞；接著，再從所寫的語詞當中，任選幾個來串成有意義的句子。如此的學習，從注音符號，再到國字，再到語詞，進而到句子，是一個很有系統的語文學習法則。

經過這次的教學，雖然有些學生是跟不上的，但也讓當老師的我知道，孩子卡住的部分，究竟在哪個環節；當然，我也看到一些亮點，讓我深信孩子的學習，是充滿潛能的！

學生回饋

庭于：我覺得用說的比較容易，要寫出來有點難。

逸凡：我覺得很好玩，因為我可以學到許多字，而且還可以和同
　　　學討論。我覺得句子有一點困難，但是經過老師的引導，
　　　我就會了。

澤瑋：老師說我的反應很快，可以想出很多字；但老師也說我的
　　　句子要加強。

教學延伸

1. 請學生「寫出」部首、筆畫等。
2. 請學生「畫出」文字畫圖、甲骨文等。
3. 請學生上台發表，訓練口說能力。

11

注音擴增器

小朋友，現在請你們先想一個注音符號，接著，再從這個注音符號，來想出有哪個國字，是含有這個注音的。例如，「ㄇ」，有「媽」、「美」、「某」、「明」、「忙」……。現在，我們先從「ㄅ」來練習，給小朋友十分鐘的時間來寫吧！越多越好，看誰寫得最多！

第一關　注音擴增器

注音（ㄅ）	白	杯	必		

小朋友，試著用你所寫的國字，來造詞吧！至少造出三個唷！

第二關 國字語詞秀

國字一	語詞三個
白	潔白、白費、白駒過隙

請從剛剛所寫出的語詞中，任選二個，串成一個句子吧！

第三關 語詞造句

語詞一	語詞二	造句
潔白	白費	這片老牆已經很老舊了，你再怎麼刷，都只是白費力氣，不可能變得潔白如新的。

注音（ㄆ）

注音（ㄤ）

注音（一ㄥ）

12 文字分類

活動難度：★★★

你可能做過水果分類、動物分類、形狀分類……等，但是，你有做過「文字分類」嗎？這一次，我們要請小朋友睜大眼睛，觀察文字，才能做出正確的分類哦！

 活動步驟

1. 先將紙上或黑板上所寫的文字，全部觀察一次。

2. 教師取出其中幾個字，如「晶、品、森」，說出他們的分類為「三疊字」。

3. 教師再示範，取出「風、中、生」，說出他們的分類為「都有ㄥ」的韻母。

4. 依此類推，教師可從「字形、字音、字義」來分類。

5. 學生自由學習、發表。

活動提醒

1. 教師可請學生翻字典，學習更多生字。

2. 教師可運用小組合作，讓學生們互相討論、激盪。

3. 不要出現過多雷同的分類點，如「都有ㄅ的注音」、「都有ㄆ的注音」、「都有ㄇ的注音」。

4. 教師可補充，字形、字音、字義的涵義。

5. 教師請學生發表時，應「字、詞」一起發表，如「亮晶晶的『晶』」，如果發現學生回答：「眼晶的『晶』」，就應及時糾正。

賣個關子，增加語文動機

那一天，考完試，課程也告一段落，我神祕兮兮地對著學生說：「我們來玩文字遊戲好不好？」靈活的學生馬上回憶說：「上次玩過猜字謎，玩過成語接龍，玩過成語畫圖……，那這次要玩些什麼呢？」

我賣個關子，在黑板上張貼出許多文字，包括了「期、蟲、蓮、林、朋、晴、茶、多、龍、人、三」……等約四十個字。孩子覺得很奇怪，因為從來沒有看過我貼這麼多張的字卡在黑板上，還一邊問我，到底要玩什麼呢？

文字分類，認識字的精髓

我問孩子說，你們知道「分類」嗎？我隨口舉了幾個例子：「香蕉、芒果、鳳梨」，因為顏色都有黃色的，所以可以把它們歸在同一類。同樣的，「葡萄、小番茄、龍眼」都是小顆球形的，所以可以把它們歸在同一類。我繼續引導，那麼，我們的文字也可以分類哦！

我介紹了文字可以思考的幾個部分，包括了「字形、字音、字義」。字形，可以從部首、筆畫、形狀、偏旁……等部分來思考；字音則從注音的幾種方向來思考，如聲符、韻符、單音符、調號、多拼、一字多音……等；字義，則可以簡單從字的本身意義來思考。我舉了例子，也隨口問了一些小朋友，確認全班大多知道之後，我就讓孩子開始進行了。

分組合作模式，勝於個人思考

一開始，我採取個人學習的方式，我發現，學生一個人的思考速度，比較慢，也比較有侷限性，而平常不喜歡參與的小朋友，則維持原本一樣動機不足的情況；五分鐘過後，我試著讓小朋友「分組合作」，讓同學間可以互相激盪。

我發現，這麼一來，他們的討論方式、思考行為，開始有了互動、對話。我在組間巡視，有的小朋友說：「可以從他們的組成方式來思考，像這些字都是左右兩分的字，像那些字都是左中右三分的字……」，我點頭贊同，組員也同意他的分類方式，於是，他們就記了下來，寫在自己的學習單上。

有的組別，也從字的組成元素來分類，例如，「這些字都是含有『口』字的，像『吃』、『國』、『拿』」；也有小朋友從「筆畫」來分類，包括「有些字是十畫以內的，有些字是超過十畫的，有些是超過二十畫的」；也有的組別從「注音」來分類，例如：「這些字都只有一個注音，那些字都是一字多音」。我很佩服他們的思考方式，甚至比我自己在備課所得到的答案，還要豐富。

字詞搭配，口語表達訓練

等到他們進行了二十分鐘之後，我試著引導他們口語表達，請他們說出分類的依據，以及包括哪些字。有一組的答案是：「我們按照字的組成來分類，像『林』、『朋』、『競』都是左右相同的字，所以分類在一起。」我繼續引導，可否用完整的語詞來表達呢？學生便完整說出：「森林的林、朋友的朋、競賽的競。」結束之後，同儕鼓勵，小組加分。

經過了引導、思考、發表，我看到了學生對文字的喜好，也看到了學習的風景。看到他們躍躍欲試的樣子，常讓我不禁繼續發想，下一個語文遊戲⋯⋯。

◀小朋友上台把文字分門別類。

▼本書作者在演講時，分享各種語文小遊戲。

靖汶：彥佑老師都會設計很多好玩的語文遊戲和我們玩，我覺得
　　　很有趣。

建宏：我們這一組找出很多分類的方式，老師說我們這一組做得
　　　很好，我們都很有成就感。

郁蓁：老師告訴我們祕訣之後，我就分得比較快了。這次我負責
　　　找「筆畫」，因為同學說我寫字最漂亮又快速。

宜媚：我覺得文字分類很有趣，因為讓我們學到很多知識，以前
　　　都是學部首和造詞，這次還學到筆畫，還有觀察力。

 教學延伸

1. 除了寫出紙張上或黑板上既有的字，還可以額外寫出幾個同一
　　分類的字。

2. 可以試試看延伸成語詞分類、成語分類、詩詞分類、部首分
　　類……等活動來進行。

3. 請學生上台發表，訓練口說能力。

筆記欄

「分類」的概念，可以運用在很多種事物上，例如：數字的分類、形狀的分類、生物的分類、地形的分類……等，在「文字」方面，也可以做「文字分類」哦！現在，請你看著黑板上所貼的，或者以下所列的文字，分別針對「字音」、「字形」、「字義」來分類看看吧！

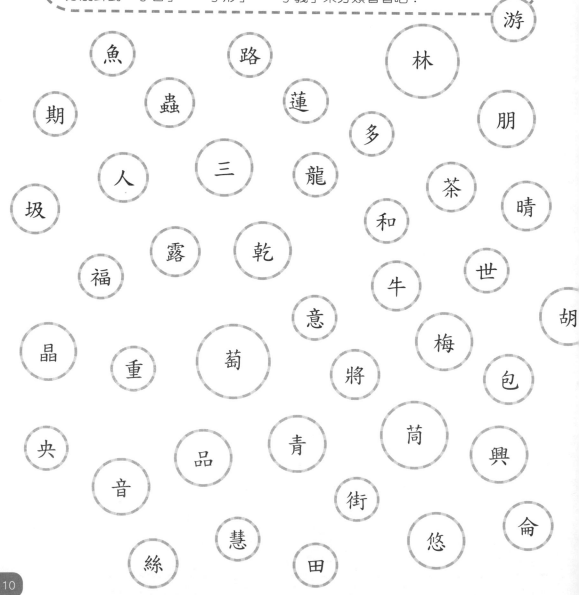

	它們的共通點	代表文字（至少二個以上）
字音	都有「ㄥ」的音	
	都是一字多音（一個字有兩種以上的讀音，又叫「破音字」）	
	都是四聲的	
	由三個注音符號組成的	
字形	都可以左右分二半	
	筆畫超過十二畫的	
	有上、中、下三分的	
	由二到三個相同部件組成	
	部首在左邊的	
字義	都是動物的	
	有大自然感覺的	

語文創意教學活動延伸導引

在傳統的生字、詞語教學中，總是採取制式又單一的教學方法，那便是國字、書空、注音、部首、造詞、解釋、寫圈詞。然而，除了這些基本功之外，其實教師還可以思考許多有趣、創意的教學。除了前面提到的十二種文字遊戲，以下也整理了一些簡易的生字教學小活動，以及延伸的語詞教學小活動，讓大家能夠對創意語言教學更有概念，也可以發揮自己的巧思來設計活動。

・文字創意教學

一、文字坐火車：此活動可讓學生了解部首、部件的概念。例如，有一列火車，依序載了許多旅客，包括「雨」、「木」、「目」，請問這列火車最後可以組成什麼字？（霜）。有一輛計程車，隨意亂繞，載了「巳」、「共」、「手」、「巳」，請問最後可以拼成哪個字？（撰）。有一朵烏雲「鑼」，要降下雨滴，請問這些雨滴由什麼部件構成？（金、网、糸、隹）。

二、切字合字遊戲：此活動可讓學生認識文字的結構。左窄右寬（淡、推、侷）、左寬右窄（劉、形、邵）、左中右三分（娜、澈、擲）、上中下三分（奪、翼、莫）、不可分割的單字（曳、舟、丘）、品字形（晶、蟲、轟）、外包字（匈、尫、颱）。教師可將學過的生字，列在黑板上，再擺置各種字形結構的方框，讓學生將生字正確放進去。

三、形音同一家：當教到「暮」時，可告訴學生，「幕、慕、墓」的注音均相同；教到「方」時，可告訴學生「芳、放、彷」字形有一些差異，注音也有些差異；教到「田」時，可提「田、由、甲、申」長得差不多，但是注音完全不同。此方式可讓學生多認識國字，並建立起形聲字的概念。教師也可以只說出「ㄔㄥˊ」的注音，讓學生寫出所有注音相同的國字，並交互觀摩、記誦。

四、瞎子摸象：找出國字相關的線索，讓學生說出或寫出正確的字。教師可任意說出這個字的部首、注音的聲母、韻母、音調、筆畫、可造什麼詞、什麼情況會用到……等線索，讓學生猜出這個字是什麼。例如：「有一個字，部首是火部，韻母是ㄢ，調號是一聲，筆畫是十三畫，火災時，燒東西時會出現，請問是哪一個字，請把它正確寫出來。」（煙）

五、查字典比賽：教師可以選擇教過或沒教過的字，讓學生查字典。可教學生，查字典最常用的二種方式，一為查部首（不知部首時，可以從字的偏旁來猜），一為查注音。在固定的時間內，看學生可以查出幾個注音、部首。須注意的是，要請學生記下頁碼（例如：「附，157頁」），確保學生真的查了字典，而非亂編頁碼。

六、找朋友配對：教師給學生字根，讓學生在字典中找出可以配對出來的字。例如，教師給「登」，讓學生自己找出「鄧、凳、燈、瞪」；給「寺」，讓學生找出「時、侍、待、特、持」。學生寫出來的字，可以是「形聲字」，也可以只是字形相近的字，此活動目的是要讓學生「認字」。

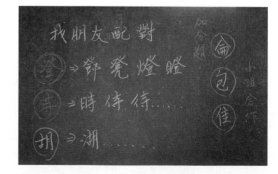

·詞語創意教學

一、語詞相對論：此活動主要是讓學童可以找出「正著唸」和「反著唸」都有意義的語詞，因而產生對詞語的興趣；當學生程度較差時，可以請學生找出「注音相同」即可；程度較好的，則要求「國字」、「注音」都必須相同。例如：「歡喜與喜歡」、「故事與事故」、「張開與開張」、「色彩與彩色」、「風暴與暴風」……等。

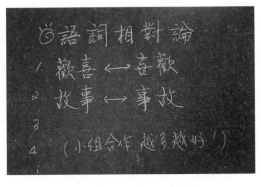

二、風馬牛不相及：教師可以任選（課本）二個詞語，讓學生拼湊成一個句子，俟學生熟悉之後，可以逐漸加到三個、四個詞語。詞語的相關性越小越好，也可以混入名詞、動詞、形容詞、副詞等，主要是讓學生可以發揮想像力，將不同性質的語詞，串接成句。例如：「奇異果」、「黑板」、「蝴蝶」可以串接成「奇異果放在黑板上，就像蝴蝶停在板凳上」、「老師在黑板上畫了一顆奇異果，期待蝴蝶來品嚐」。

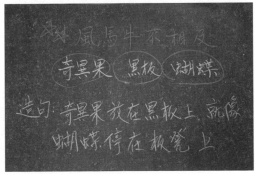

三、更上一層樓：此活動主要是讓學生可以找出「相似詞」，透過仔細、縝密思考，學習運用較高層次的語詞，以增加用字遣詞的功力，並學會交互利用不同的語詞，達到語詞替換的目的。低中高年級對於語詞的掌握均不相同，教師可以針對不同的學生，引導他們思考不同層次的語詞。例如：黃色可以提升到金黃、黃澄澄、亮黃、鮮黃、昏黃；白色可以提升到乳白、牛奶白、慘白、純白、蒼白、灰白、白皚皚、白茫茫……等。

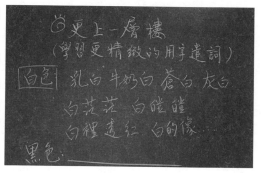

四、本是同根生（字形）：可以將同部首的字組成有意義的詞語，或是將字形相似的詞歸類，此活動可以讓學生觀察字形、釐清字形，以免對文字造成混淆。如同部首的「游泳、河流、炎熱、彈弓、花苞、孩子、山巒」；或是分辨「遊與游」、「稍與悄」、「診與珍」、「師與帥」。

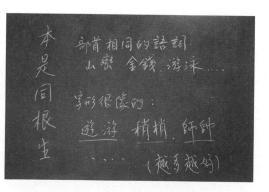

五、門當戶對（雙聲、疊韻）：同上
　　述的分類方式，讓學生可以掌握
　　注音的原則，並學會判斷聲母與
　　韻母的異同，此活動可以延伸出
　　繞口令，考驗學生的口語反應能
　　力。如雙聲：琵琶、收拾、紙張、
　　方法、勞力；如疊韻：橄欖、探險、

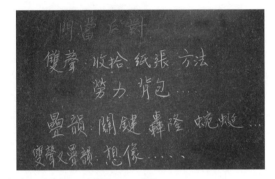

　　轟隆、黯然、關鍵；雙聲又疊韻：祕密、嬉戲、想像⋯⋯等。

六、聯想大考驗：從一個詞，讓學生向外聯想出更多的詞；可以由最原始的
　　詞語，延伸出許多詞語，也可以針對一個詞，延伸出許多連續的語詞。
　　教師也可以任意舉出二個詞語，讓學生自行透過想像，說出為何 A 可以
　　聯想成 B。如「飛機」聯想到空中、戰鬥、白雲、巨大、萊特兄弟⋯⋯等。
　　也可以從「飛機」聯想到「空中」，「空中」聯想到「白雲」，「白雲」
　　聯想到「棉花糖」⋯⋯。教師也可以說出兩個詞，如「證件、水果」，
　　請學生說出如何把他們兩個聯想在一起。

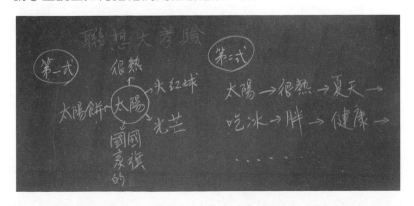

七、語詞找家：教師可以針對課文的語詞做歸類，讓學生分辨其詞性，如名詞、
　　動詞、形容詞、副詞四個容易判別的。若是名詞，可讓學生練習單位詞；
　　若是動詞，可以讓學生比動作，加上動作或副詞；若是形容詞，可以讓學
　　生練習加名詞；若為副詞，則讓學生練習加上形容詞、動詞。如：給學生
　　「收音機」、「外套」、「雞蛋」，讓學生快速說出「單位詞」；給學生「跑
　　步」、「喝水」、「睡覺」等動詞，讓學生比動作，並加上副詞來形容
　　表演者的動作……。

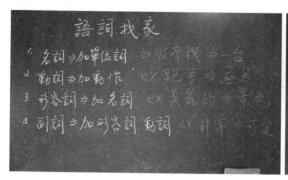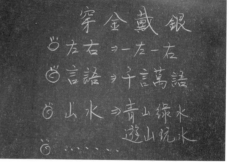

八、穿金戴銀：許多四字的語詞，其實是透過鑲嵌的修辭方式，讓二字詞語
　　變成四字詞語；可以讓學生找出課本有哪些二字詞語，可以「穿金戴銀」，
　　變成三個字、四個字，但不改變其原意。教師還可以透過這個活動，延
　　伸出實數、虛數、對偶、類疊的概念。如「左右」與「一左一右」、「言
　　語」與「千言萬語」、「鄰舍」與「左鄰右舍」、「山水」與「青山綠水」、
　　「奔跑」與「東奔西跑」……等。

九、猜謎語：針對課文的詞語（名詞為佳），教師可以想出「謎題」，讓學生猜出「謎底」；教師也可以讓學生自行出題，讓老師、同學一起猜。此活動主要是讓學生能發揮創意，針對「詞語」的意義、性質、特徵，想出合適的表達語句。如謎題是「有一個東西，上面有很多數字，每天幾乎都會看到，不能吃，價格不貴也不便宜……」，謎底是「時鐘」。

生字教學是語文課程的基礎，語詞教學更是生字的向外延伸；生字與圈詞，除了傳統的作業方式與教學方式，教師還可以透過許多有趣的遊戲，供學生學習，建立語文的「根基」。現在許多學生不愛寫字，不愛查字典，也許教師可以透過各種創意教法，逐漸喚醒學生寫字詞的心！當學生能夠認得越多字詞，寫得越多字詞時，必能增加閱讀與寫作的能力。

第 16 頁：1 文字三缺一

題號	題目	答案	造詞一	造詞二
1	淮、推、堆	唯	唯一	唯美
2	趕、起、越	超	超人	超越
3	甲、木、甘	女	女生	女性
4	崩、烹、曚	風	風速	颱風
5	導、討、惱	老	老虎	老鼠
6	鑫、磊、森	晶	晶瑩	亮晶晶
7	街、游、傲	樹	樹木	樹林
8	比、林、競	絲	蜘蛛絲	絲綢
9	堡、忠、謎、像	悠	悠然	悠閒
10	昭、照、敖、熬、亨	烹	烹飪	兔死狗烹

第 26 頁：2 文字拼圖

林、村、晶、轟、枉、府、信、好、沐、地、伶、付、準、明、絲、品、森、池、誰、社、保、維、朋、聆、唯、淼、討、吐、杏、淋、焚、李、她、杜、炎、淮、椎、傘、計、草、祂、他、耿、伐、戎、找、戰、呆、捉、促、澡……。

（僅供參考，相信小朋友集思廣益，多動動頭腦，一定可以拼出更多哦！）

第 35 頁：3 文字組合卡

歌、桃、紅、跑，請選出二個部件，組合出 13 畫的字。（答案：跳）

（僅供參考，聰明的你，一定可以想出更厲害的題目哦！）

第 42 頁：4 文字畫圖

小朋友自由發揮

第 50 頁：5 文字躲貓貓

木、米、禾、王、士、土、玉、日、曰、才、不、十、上、下、田、口……。

（僅供參考，小朋友一定可以想出更多的哦！）

第 57 頁：6 文字像很大

(1)「日」對「曰」說：「小子呀，好幾天不見，你就變胖啦！」

(2)「田」對「甲」說：「嘿嘿……露出馬腳囉！」

(3)「甲」不服氣地對「田」說：「為什麼偏偏只抓我的毛病，你沒看到『申』前凸後翹嗎？」。

(4)「或」對「國」說：「哈囉，怕冷呀？全身包得緊緊的。」

(5)「曰」對「旦」說：「最近趕流行嗎？還溜滑板車呀！」

(6)「宋」對「木」說：「別以為你拆下帽子，我就認不得你了！」

(7)「金」對「鑫」說：「最近發大財囉！」

(8)「火」對「炎」說：「那麼愛玩疊羅漢呀！」

(9)「子」對「孑孓」說：「愛叮人的蚊子呀，你的尾巴在玩神龍擺尾嗎？」

(10)「兵」對「乒乓」說：「會不會打太猛了呀！才打了幾場球賽，腳就廢了喔！」

(11)「文」對「雯」說：「你是不是特別喜歡在雨天寫文章啊？」

(12)「晶」對「日」說：「一下子少了兩顆太陽，難怪我覺得一點也不熱了。」

(13)「跑」對「抱」說：「最近腳有點痠，所以決定用手來擁抱你。」

（僅供參考，小朋友一定可以想出更多的哦！）

第 62 頁：7 文字計算機（基本題）

題號	文字算式	答案
1	人＋木	休
2	竹＋木＋目	箱
3	言＋汁－水	計
4	（堯－兀）÷3－土＋方	方
5	口×3	品

第 63 頁：7 文字計算機（進階題）

題號	文字算式	答案
1	林＋又×2＋大＋手	攀
2	暮－晶÷3	莫
3	如－品÷3＋子	好
4	蟲÷3＋湖－淼÷3	蝴
5	昌÷2＋士＋村－森÷3	時
6	日×2＋（老）－匕	暑
7	口×2＋（犬）＋（品÷3）×2	器
8	（佛）－人＋財－才	費

第 70 頁：8 文圖代表字

小朋友自由發揮

第 78 頁：9 猜字謎

小朋友自由發揮

題號	題目	答案
1		在校生
2		鳳凰木
3		虎虎生風
4		一帆風順
5		金玉滿堂

題號	文字算式	答案
6		一馬當先
7		羊羊得意
8		早生貴子
9		羊羊得意
10		春回大地

題號	題目	答案
11		畢業
12		祝福
13		黃金萬兩
14		壽比南山
15		離別

題號	文字算式	答案
16		胸花
17		福如東海
18		一帆風順
19		鵬程萬里

第 93 頁：10 小小倉頡
合體字創作小朋友可自由發揮

第 100 頁：11 注音擴增器

小朋友自由發揮

第 110 頁：12 文字分類

	它們的共通點	代表文字（至少二個以上）
字音	都有「ㄥ」的音	蟲、龍、青、朋、晴、重、筒、興、晶
	都是一字多音（一個字有兩種以上的讀音，又叫「破音字」）	重、乾、和、露、將、興、期
	都是四聲的	圾、露、世、意、路、重、將、慧、興、和
	由三個注音符號組成的	蟲、蓮、林、晴、多、龍、街、牛、重、品、將、青、慧、田、侖、興、晶、乾、筒
字形	都可以左右分二半	期、林、晴、龍、圾、福、乾、和、梅、路、將、胡、絲、朋
	筆畫超過十二畫的	露、慧、蟲、蓮、龍、福、意、路、興
	有上、中、下三分的	茶、意、慧、侖
	由二到三個相同部件組成	蟲、林、朋、多、品、絲、晶
	部首在左邊的	林、梅、圾、福、游、朋、晴、路、絲
字義	都是動物的	蟲、龍、人、魚、牛
	有大自然感覺的	蟲、蓮、林、梅、魚、牛、葡、青、田

學習書
字遊字在的語文課：和孩子玩文字遊戲

2018年9月初版　　　　　　　　　　　　　　　　定價：新臺幣240元
2022年12月初版第五刷
有著作權‧翻印必究
Printed in Taiwan.

著　　　者	林　彥　佑
繪　　　者	黃　淑　華
叢書主編	黃　惠　鈴
叢書編輯	葉　倩　廷
校　　對	趙　蓓　芬
整體設計	黃　淑　華

出　版　者	聯經出版事業股份有限公司	副總編輯	陳　逸　華
地　　　址	新北市汐止區大同路一段369號1樓	總　編　輯	涂　豐　恩
叢書主編電話	(02)86925588轉5312	總　經　理	陳　芝　宇
台北聯經書房	台北市新生南路三段94號	社　　長	羅　國　俊
電　　　話	(02)23620308	發　行　人	林　載　爵
台中辦事處	(04)22312023		
台中電子信箱	e-mail:linking2@ms42.hinet.net		
郵政劃撥帳戶	第0100559-3號		
郵撥電話	(02)23620308		
印　刷　者	文聯彩色製版印刷有限公司		
總　經　銷	聯合發行股份有限公司		
發　行　所	新北市新店區寶橋路235巷6弄6號2F		
電　　　話	(02)29178022		

行政院新聞局出版事業登記證局版臺業字第0130號

本書如有缺頁，破損，倒裝請寄回台北聯經書房更換。　　ISBN 978-957-08-5170-0 (平裝)
聯經網址 http://www.linkingbooks.com.tw
電子信箱 e-mail:linking@udngroup.com

感謝信誼基金出版社授權使用《漢字七彩卡》內頁圖片
本書提到的學生姓名皆為化名，如有雷同，純屬巧合

國家圖書館出版品預行編目資料

字遊字在的語文課：和孩子玩文字遊戲/ 林彥佑著．初版．
新北市．聯經．2018年9月（民107年）．128面．17×23公分（學習書）
ISBN 978-957-08-5170-0（平裝）
[2022年12月初版第五刷]

1.漢語教學　2.遊戲教學　3.中小學教育

523.31　　　　　　　　　　　　　　　　　　　107014227